Léonce de Lavergne

Des Essences forestières

Étude

ISBN : 978-1726430388

10 9 8 7 6 5 4 3 2 1

Léonce de Lavergne

Des Essences forestières

Étude

Table de Matières

Section I

Je ne suis pas botaniste et je l'ai souvent regretté ; il y a tant de choses dans le monde que je voudrais savoir et que je ne sais pas ! Je ne suis pas non plus un forestier bien habile ; la science forestière est si hérissée de calculs et de termes techniques, elle suppose une telle variété d'études et une existence si active, qu'il faut la commencer jeune et lui consacrer toute sa vie pour se flatter de la posséder un peu. Ce n'est donc qu'à défaut d'un autre plus compétent que je vais essayer de rendre compte des bois et produits ligneux à l'exposition universelle. Je demande pardon d'avance pour ce qui pourra manquer à cette étude ; elle m'a paru nécessaire, voilà mon excuse. Comme la plupart des matières premières, les bois bruts attirent peu l'attention du public. Il n'y a cependant pas, à l'exception des denrées alimentaires, de produits plus importants et plus utiles. Dans un pays comme le nôtre, la production forestière soulève les questions agricoles et économiques les plus graves ; elle touche à tous les intérêts et forme une des parties essentielles de l'économie rurale. C'est à ce titre qu'elle m'a tenté. J'ajoute qu'il n'est pas à mes yeux de sujet plus attrayant. Sans dire tout à fait comme le poète latin : *Nobis placeant ante omnia sylva*, j'ai toujours trouvé dans le spectacle des forêts une grandeur divine ; nulle part n'apparaît plus clairement la magnificence des dons que la Providence a faits à l'homme.

Cette libéralité de la végétation spontanée s'empare si vivement de l'imagination, qu'elle trompe sur la véritable nature de ces présents. On se persuade aisément que l'homme n'a rien à faire et qu'il lui suffit de récolter sans semer. Cette erreur fondamentale a été partagée par le programme même de l'exposition. La seconde classe porte pour titre : *Art forestier, Chasse, Pêche et autres produits obtenus sans culture*. Ces mots *sans culture* peuvent être exacts quand il s'agit de régions sauvages, comme les déserts de l'Amérique, de l'Afrique ou de l'Asie ; mais dès qu'ils s'appliquent à des contrées peuplées et civilisées, comme la France et la plus grande partie de l'Europe, ils cessent d'exprimer une idée vraie. Le mot *art forestier*, dont on se sert en même temps, implique contradiction. C'est en effet un art et un art très savant que l'exploitation bien entendue des richesses forestières. Dès que l'homme arrive et se multiplie quelque part, il est par le seul fait de sa présence un agent puissant de destruction, s'il ne s'exerce pas à reproduire sans cesse ce qu'il consomme. Quand ils ne sont pas l'objet d'une culture spéciale, les bois disparaissent dans tous les pays habités, et leur disparition peut devenir mortelle à l'homme lui-même. Le gibier et le poisson, à qui s'appliquent les mots de *chasse* et de *pêche*, disparaissent aussi, pour peu qu'on n'en prenne pas soin, et ce sont des pertes plus sérieuses qu'on ne croit ; l'un et l'autre peuvent servir sensiblement à nos besoins comme à nos plaisirs.

Je n'insisterais pas sur cette observation, qui peut paraître puérile, si le préjugé que je combats n'avait les plus grands dangers. Le code forestier lui-même semble l'admettre. Il fait une distinction entre les bois semés de main d'homme et ceux qui viennent naturellement, et pour les uns comme pour les autres, il punit moins sévèrement les délits que pour les autres produits ruraux. Le peuple des campagnes a les mêmes idées ; tel qui se ferait scrupule de prendre une poignée d'épis maraude sans hésitation dans les bois. C'est un grand et funeste abus. Rien ne nous est donné à titre gratuit. Les déprédations l'ont plus de mal dans les bois qu'ailleurs ; quand la dent des troupeaux offense les tiges naissantes, elle emporte avec la récolte de l'année celle des années suivantes, et détruit mille pour avoir un. Même quand cette nature de propriété ne reçoit aucun soin apparent, elle forme un capital qui s'échange avec tous les autres ; elle est soumise à l'impôt et aux autres charges qui grèvent les immeubles, elle a de plus des servitudes particulières et lourdes à porter, elle entraîne des frais indispensables de garde, d'assurance et d'exploitation. À plus forte raison, quand elle est soignée comme elle doit l'être par le bon père de famille, elle représente par des aménagements, des réserves, des repeuplements artificiels, des assainissements, des travaux de routes, toute une série d'épargnes et de dépenses.

Une autre erreur moins explicable est généralement répandue en France ; on ne voit guère dans les forêts que du combustible, et on néglige, je ne sais pourquoi, leurs autres produits. Une foule d'industries emploient cependant le bois comme matière première : la navigation, la charpente, la menuiserie, le charronnage, l'ébénisterie, en exigent tous les ans des masses énormes. Notre première et notre dernière demeure, le berceau qui nous reçoit à notre naissance et le cercueil qui renferme notre dépouille inanimée, sont en bois. Le bois forme nos meubles les plus usuels : la table où j'écris, le fauteuil où vous me lisez, le plancher de nos appartements, le volet qui nous abrite, la porte qui s'ouvre aux amis et se ferme aux ennemis, la voiture qui nous transporte, le navire qui vole pour nous sur les mers. On a dit que la civilisation d'un peuple se mesurait à la quantité de fer qu'il consomme, on pourrait en dire autant du bois. Plus la population s'accroît, plus il en faut. Plusieurs arbres nous fournissent en outre des produits spéciaux : les uns portent des fruits nourrissants, comme la châtaigne, la noix, la datte ou le coco ; d'autres donnent des matières tinctoriales, comme le quercitron ou le campêche ; celui-ci produit le liège, celui-là la résine, cet autre la gomme ou le caoutchouc, cet autre enfin le quinquina. Quelques-uns ont des fleurs éclatantes ou suaves qui nous charment par leurs couleurs ou par leurs parfums. Tous nous ombragent et nous défendent contre le soleil et les vents. Ils enclosent nos héritages, ornent nos jardins, embellissent nos paysages, et ce qui met le comble à leurs services, ils exercent sur les climats, quand ils sont bien placés, une action bienfaisante, en contribuant à la salubrité de l'air, à la fertilité du sol et à la bonne distribution des eaux.

La plupart des nations étrangères ont parfaitement compris la valeur de cette production. Il nous est venu de tous les côtés de nombreuses collections forestières. La palme de cette partie de l'exposition appartient aux colonies anglaises. Le Canada, l'Australie, la Guyane, le Cap, l'Inde, ont rivalisé de zèle, et leur empressement se conçoit sans peine. L'Europe occidentale manque de bois. L'Angleterre et la France, qui sont les deux grands peuples importateurs, ne savent presque plus où s'approvisionner. L'Angleterre est depuis longtemps déboisée, la France n'a guère plus que des taillis. Tout le midi de l'Europe n'a rien à donner ; dans le nord, la Suède et la Norvège commencent à s'épuiser, au moins dans les parties les plus aisément accessibles. Le centre a encore des réserves, mais la difficulté des transports en rend l'exploitation à peu près impossible. La Russie possède un immense capital forestier, mais elle a aussi d'énormes besoins, surtout en bois de chauffage. La guerre suspend d'ailleurs tous les arrivages de ce côté, et c'est ce qui a le plus frappé les habitants des colonies anglaises ;

ils ont voulu saisir l'occasion en offrant à l'Europe leurs ressources inexploitées. Leur but a été atteint a souhait ; les hommes spéciaux eux-mêmes ne se doutaient pas du nombre et de la beauté de ces essences exotiques, dont quelques-unes n'avaient pas de nom dans la science. Il n'y manquait que l'indication des prix de vente et de transport, c'est l'affaire du commerce, qui saura bien apprendre ce qu'il aura besoin de savoir.

Parmi les besoins de l'Europe, le plus pressant est celui des bois de marine. Pour construire la coque de ces bâtiments qui doivent résister au choc des ouragans et des vagues, et en particulier ces vaisseaux de guerre qui portent dans leurs flancs des milliers d'hommes et vomissent des tonnerres d'artillerie, il faut des matières d'élite qui mettent des siècles à se former. La quantité n'en est pas considérable, car avec 50,000 mètres cubes de bois équarri par an, ce qui en suppose le double en grume, on peut, dit-on, pourvoir aux besoins actuels de notre marine militaire, et avec 50,000, à ceux de notre marine marchande. L'Angleterre en emploie nécessairement beaucoup plus, puisque sa marine est cinq fois plus considérable que la nôtre. Pour se procurer cet approvisionnement, il faut explorer le monde entier, et on ne trouve pas toujours ce qu'on cherche. Le prix du bois de marine monte sans cesse, soit en Angleterre, soit en France. Dans ce moment surtout, où le service de la guerre use rapidement les vaisseaux de toute espèce, on a la plus grande peine à entretenir les chantiers. Le gouvernement français vient de prendre, sous la pression des circonstances, une décision qui prouve l'intensité des besoins ; il a autorisé, par un décret récent, l'achat pur et simple de navires construits à l'étranger, moyennant un droit de dix pour cent, ainsi que l'introduction en franchise de droits de tous les objets qui servent aux constructions navales. Cette mesure, excellente en soi, était devenue nécessaire. Le même régime existe depuis longtemps en Angleterre, où il serait absolument impossible, s'il en était autrement, de pourvoir aux besoins de la navigation nationale.

On se souvient qu'un des derniers actes du gouvernement royal a été le vote d'une somme de 100 millions pour approvisionner nos arsenaux maritimes. Cette belle dotation a rendu possibles les armements extraordinaires qui ont eu lieu depuis quelque temps, et qui ont porté si glorieusement le pavillon français dans la Mer-Noire et la Mer-Baltique. Il faut maintenant la renouveler, car si rien n'est plus brillant qu'une forte marine militaire, rien n'est plus cher. Un vaisseau à trois ponts armé coûte 3 millions ; un bâtiment à vapeur de 960 chevaux en coûte 4. Un jour viendra sans doute où notre marine marchande, dégagée des entraves qui l'étouffent sous prétexte de la protéger, prendra aussi l'essor qui lui appartient ; ce jour-là, ce ne sera plus de 50,000 mètres cubes qu'il s'agira, mais de 500,000, car l'industrie des transports est encore à son enfance dans le monde. Entre autres merveilles de l'exposition, on remarquait le modèle d'un bateau à vapeur de 23,000 tonneaux, en construction à Londres, sous la direction de M. Brunel. Ce géant des mers, qui a 225 mètres de long sur 25 de large, et 2,500 chevaux de force, doit employer une quantité prodigieuse de bois, sans parler des autres matériaux ; il absorberait à lui seul la moitié de l'approvisionnement annuel de notre marine marchande, car on compte ordinairement un mètre cube par tonneau, et on parle déjà d'en faire de plus monstrueux encore.

Après la marine viennent les chemins de fer. Chaque kilomètre à double voie nécessite l'emploi de 2,000 traverses de bois équarri, ayant chacune un dixième de mètre cube. Il faut donc pour les 10,000 kilomètres concédés en France 2 millions de mètres cubes ; il en a fallu tout autant pour les 10,000 kilomètres exécutés dans le Royaume-Uni. Les ingénieurs attribuent à ces traverses une durée moyenne de dix ans, ce qui suppose, pour le seul entretien, une consommation annuelle de 200,000 mètres cubes, soit en France, soit en Angleterre, et ces chiffres s'augmenteront aussi, suivant toute apparence, dans une proportion énorme, car les chemins de fer n'en resteront pas là. Nous surtout, nous ne pouvons-nous contenter, pour un territoire comme le nôtre, des concessions faites jusqu'ici. Une nouvelle tentative est à l'essai qui doit accroître considérablement, si elle réussit, ce genre de consommation ; c'est l'établissement de rails en bois sur les accotements des routes ordinaires. On va commencer par les Landes ; on continuera sans nul doute sur d'autres points, car la circulation des bandes ne peut donner une idée de ce que serait, dans un pays riche et peuplé, la masse des transports qui prendraient cette voie. Les ponts, les stations, les débarcadères, les wagons, les guérites demandent des quantités considérables de bois. Voilà tout un ordre de débouchés qui n'existait pas il y a quelques années, et qui prouve une fois de plus combien le progrès de la civilisation développe de besoins nouveaux et imprévus.

En troisième lieu, l'industrie du bâtiment, qui est la plus importante. M. Tassy, ancien professeur de sylviculture à l'Institut national agronomique, à qui j'emprunte la plupart de ces chiffres, estime à 1,600,000 mètres cubes la consommation annuelle du bois de charpente en France. Je crois cette évaluation plutôt au-dessous de la vérité ; nous avions au 1er janvier 1846, époque du dernier recensement, 7,500,000 maisons imposées, et nous devons en avoir aujourd'hui 8 millions. L'Angleterre, de son côté, n'en a pas beaucoup moins. Je sais bien que, soit pour la marine, soit pour le bâtiment, on tend aujourd'hui à remplacer autant que possible le bois par le fer, mais cette substitution ne s'opère que lentement, surtout en France, même en Angleterre elle trouve un obstacle dans le prix du fer ; il faut une véritable disette de bois pour y avoir recours. Restent la menuiserie, le charronnage, la tonnellerie, enfin le bois de feu. Cette dernière consommation est à peu près mille en Angleterre, où la houille en tient lieu ; mais elle est encore considérable en France, soit pour les usines, soit pour les besoins domestiques. On l'évalue en général à un stère environ par tête, ou 35 millions de stères[1] par an.

En somme, la consommation annuelle du bois, sous toutes les formes, doit atteindre en France une valeur de 320 millions, dont 200 en bois de feu et 120 en bois de marine et d'industrie, et en Angleterre de 360, presque tout entière en bois d'industrie et de marine. Pour subvenir à cette gigantesque demande, la production nationale est insuffisante, surtout en Angleterre. L'importation des bois étrangers a décuplé, dans les deux pays, depuis la paix de 1815 ; elle atteint aujourd'hui 70 millions pour la France, dont 60 en bois communs et 10 en bois de teinture et d'ébénisterie, et la somme bien autrement colossale de 300 millions pour l'Angleterre. On comprend aisément que de pareils débouchés aient excité

---

1 Il faut faire une distinction outre le mètre cube et le stère ; le mètre cube, qui sert à mesurer le bois de marine et de charpente, est un stère de bois plein ; le stère, qui sert de mesure pour le bois de chauffage, est un mètre cube de bûches empilées présentant plus ou moins de vides. Cette distinction n'est pas la seule : les divers modes de cubage prêtent à des confusions continuelles, et font une des plus grandes obscurités du langage forestier.

la convoitise des colonies anglaises. Elles entrent déjà pour la moitié environ dans les approvisionnements anglais, mais elles ne prennent jusqu'ici aucune part à l'approvisionnement de la France, qui achète ses bois de construction dans le nord de l'Europe et fait venir ceux de teinture et d'ébénisterie du Mexique et d'Haïti. Par une nouvelle application de cette politique habile et libérale dont elle a pris si utilement l'initiative, l'Angleterre s'est bien gardée, malgré l'énormité de ses propres besoins, de s'attribuer le monopole des bois de ses colonies ; c'est à la suite d'un mot d'ordre général que nous les avons vus arriver en si grande abondance à l'exposition. On a voulu nous rassurer sur les conséquences de la guerre, en nous montrant ce que le Nouveau-Monde, à défaut de l'ancien, peut nous offrir ; les Anglais comptent d'ailleurs trop bien pour se priver des bénéfices que peut leur rapporter la vente de leurs bois coloniaux.

Le Canada exporte déjà pour 50 millions de bois par an, qui vont presque tous en Angleterre, et il pourrait en exporter bien davantage, si l'on en juge par le trophée où il avait réuni ses richesses forestières. On vante surtout le pin blanc, qui atteint une hauteur de 50 mètres, ce qui le rend excellent pour la mâture, et une espèce de bois qu'on appelle dans le pays épinette rouge ou *tamarac*, et qui parait être un mélèze, qu'on dit éminemment propre aux constructions navales. Ce qui prouve la vérité de ces assertions, c'est que la construction des navires est une des industries les plus florissantes du pays. Le seul port de Québec a construit, en 1853, 50 bâtiments jaugeant 50,000 tonneaux, et le tonnage total de la navigation canadienne, soit sur la mer, soit sur les lacs et fleuves, arrive déjà à des quantités incroyables. Tout à côté du Canada se trouvent les principaux chantiers des États-Unis, maintenant les premiers du monde, qui doivent employer les mêmes bois, puisque leurs forêts se touchent. La marine marchande y atteint aujourd'hui le chiffre inouï de 5 millions de tonnes, c'est-à-dire *six fois* la nôtre, qui n'est que de 800,000. Parmi les causes de ce prodigieux développement figure sans nul doute le bon marché des matériaux ; un navire construit dans les ports des États-Unis, et probablement aussi dans ceux du Canada, ne coûte que 300 fr. la tonne, tandis qu'il revient à plus de 500 en Angleterre et en France. Notre commerce usera sans doute du droit qui lui est donné d'acheter des navires tout faits dans ces ports ; le taux du fret, qui était devenu exorbitant, ne peut baisser promptement qu'à cette condition.

Le Canada possède en même temps d'excellents bois pour les constructions civiles. Le noyer noir, l'érable ondé, le merisier rouge, peuvent servira l'ébénisterie. D'admirables ouvrages de tonnellerie qui ont fait partie de l'exposition montrent à la fois la bonne qualité des bois et l'habileté des ouvriers qui les travaillent. Toutes ces variétés d'arbres poussent ensemble ; on a eu soin de nous prévenir que des 64 échantillons d'espèces diverses exposés par le docteur Dickson, la moitié avaient été recueillis sur une étendue de 40 hectares seulement, et que le Canada presque tout entier formait une semblable forêt. Les colons sont obligés de s'y frayer un passage le fer et la flamme à la main. Le *lumbering*, ou exploitation de ces forêts primitives, occupe en hiver des milliers de bras ; d'immenses trains descendent de toutes parts, lors de la fonte des glaces, le Saint-Laurent et ses affluents. Un des produits les plus singuliers est le sucre d'érable, qui découle d'un arbre, et dont on nous a montré plusieurs spécimens. On consomme annuellement, aux États-Unis et au Canada, 20 millions de kilos de ce sucre. Tout le monde a pu lire, dans *les Pionniers* de Cooper, une description curieuse de la manière dont on le récolte. Les pieds qui le produisent s'épuisant rapidement par les saignées et n'étant pas renouvelés par des plantations, on peut prévoir le moment où l'espèce aura disparu. Espérons qu'il n'en sera pas de même des autres essences.

Les bois de la Guyane anglaise ont été représentés par de superbes échantillons, qui font regretter que notre propre Guyane n'ait à peu près rien envoyé ; les mêmes richesses naturelles doivent se retrouver dans les deux pays contigus. L'épaisseur extraordinaire de la couche végétale, la chaleur des tropiques, l'humidité entretenue par les longues pluies, tout contribue à faire de la Guyane une des contrées du monde les plus propres à la production des grands végétaux. Parmi les arbres de ses forêts, il en est un, le *mora excelsa*, le plus gigantesque de tous, qui s'élève, dit-on, jusqu'à 45 mètres. « Sur le cours supérieur du Barrima, dit un voyageur, les moras sont en si grand nombre, que toute la marine de la Grande-Bretagne pourrait être reconstruite en bois de mora, sans épuiser les forêts qui avoisinent la rivière. Ce fait est d'autant plus digne de considération, que le Barrima est navigable pour des embarcations tirant douze pieds d'eau, ce qui permet aux bateaux de se charger sur le point même où les arbres sont abattus. » Le même voyageur ajoute que les touffes du mora apparaissent de loin, *comme des collines couvertes de verdure*, et qu'un seul de ses pieds représente la végétation de toute une forêt. Le commerce des bois de la Guyane anglaise commence à prendre de l'extension, tandis que la nôtre ne vend encore que quelques bois d'ébénisterie. Elle exporte en outre du sucre, de la mélasse et du rhum, et a maintenant 135,000 habitants ; la nôtre en a tout au plus 20,000, même en comptant les détenus qu'on y a récemment transportés.

Parmi les produits ligneux qui nous sont venus de cette région, il en est un qui paraît exciter de grandes espérances, la fibre textile qu'on retire du bananier. Ce végétal, car on ne peut pas l'appeler un arbre, passait déjà avec raison pour un des plus utiles ; M. de Humboldt a calculé que, sur la même surface, un champ de bananiers portait vingt-cinq fois plus de matière nutritive pour l'alimentation humaine qu'un champ de froment. J'ai peine à croire à une différence si grande, même en rabattant beaucoup, c'est encore bien beau. Voici maintenant qu'une nouvelle richesse s'annonce ; on évalue à des quantités non moins frappantes ce qu'un hectare de bananiers peut produire de fibres textiles, la machine pour les extraire est, dit-on, trouvée, et l'exploitation en grand va commencer. Depuis sa rupture avec la Russie, l'Angleterre, qui en retirait tous les ans 25 millions de kilogrammes de chanvre, s'est préoccupée justement des moyens de les remplacer. La Guyane n'est pas la seule contrée qui lui offre des équivalents ; dans toutes ses colonies, notamment dans l'Inde, on prépare maintenant des fibres extraites de plusieurs sortes de bois, qui font, dit-on, des cordages plus forts que les meilleurs chanvres de Russie. Des échantillons de ces fibres abondaient à l'exposition. L'ancien directeur du jardin botanique de la compagnie des Indes, M. Royle, a écrit sur ce sujet un livre fort curieux, qui semble tout à fait démonstratif ; même sur ce terrain, la Russie est battue. Nous aussi, nous commençons à faire venir des matières textiles de l'Inde ; nous en avons acheté en 1854 pour près de 3 millions.

La collection des bois de l'Australie était magnifique dans toute la force du mot. On n'a rien épargné pour appeler l'attention sur elle, même les singularités. On sait combien l'Australie diffère du reste du monde, tant pour ses végétaux que pour ses animaux ; ses bois en fournissent de nouvelles preuves. « Parmi les arbres extraordinaires, dit le catalogue spécial, on peut citer l'*ortie géante*, arbre commun des massifs qui atteint, quelquefois des proportions énormes ; le tronc des plus gros excède 40 pieds de circonférence à quatre pieds du sol. Les feuilles ont souvent de 12 à 15 pouces de diamètre, leurs épines sont formidables. Mais pour la bizarrerie des formes comme pour la stature, l'ortie doit céder la place aux figuiers géants ; les plus gros ont de 86 à 87 pieds de tour. Une graine est déposée par les oiseaux sur les plus hautes branches d'un arbre ; elle y naît et y plonge peu à peu ses racines ; dès que celles-ci parviennent au sol, elles s'y enfoncent et embrassent graduellement le tronc jusqu'à ce qu'il disparaisse sous leur étreinte et devienne le centre d'une énorme colonne cannelée, de forme irrégulière, supportée par des arcs-boutants, tandis que la tête, en forme de coupole, domine tous les arbres environnants. »

Il est assez facile de reconnaître dans cette description l'analogue du fameux figuier des Banians, si bien décrit par Bernardin de Saint-Pierre dans *la Chaumière indienne*, et qui était connu des anciens, car Quinte-Curce en parle. L'exemple est venu à l'appui du récit, tout le monde a pu voir à l'exposition un tronc d'arbre étouffé par un véritable serpent de bois qui l'entourait de ses replis. Cette monstruosité végétale n'était qu'un accessoire ; l'Australie a d'autres bois, et en abondance, puisqu'il n'y avait pas moins de 250 variétés. La plupart peuvent s'employer à la fois dans la marine, la construction et l'ébénisterie. Il en est un qu'on appelle dans le pays *beef wood*, bois de bœuf, sans doute à cause de sa belle couleur rouge, qui sert aujourd'hui à faire des lattes pour couvrir les maisons, et qui peut lutter avec le plus bel acajou. La Guyane nous avait montré de son côté le bois de zèbre et le bois de tigre, dont les veines rappellent le pelage de ces divers animaux. M. Mac Arthur, auteur de la collection vraiment unique des bois australiens, en a fait don au Jardin des Plantes de Paris, où elle restera comme un monument de science et d'industrie. La terre de Van Dienem, satellite de l'Australie, a exposé des meubles d'un goût douteux, mais d'un riche travail, faits avec les principales essences du pays. C'était à n'en pas croire ses yeux.

Le cap de Bonne-Espérance, la Jamaïque, la Nouvelle-Zélande, l'île de Norfolk, Ceylan, l'Inde enfin, ont étalé à leur tour leurs trésors forestiers. Sans parler des produits spéciaux, comme les huiles, les résines, les farines nourrissantes, le caoutchouc et tant d'autres, qui nous viennent de ces arbres innombrables, leur bois seul a une grande valeur. Un petit échantillon de bois de teck, perdu dans la riche collection de l'Inde, n'était pas ce qu'elle renfermait de moins important. Ce bois passe pour incorruptible, et dans ce climat dévorant, il sert à faire des vaisseaux qui durent, dit-on, beaucoup plus que ceux d'Europe. L'arbre qui le produit est de la famille de nos verveines. Il commence à pénétrer en France ; on en fait des wagons de chemins de fer. Les Anglais l'emploient dans leurs constructions navales, bien qu'il puisse servir pour l'ébénisterie à cause de sa belle couleur jaune. On peut dire que la distinction entre le bois de construction et le bois d'ébénisterie s'efface tout à fait. L'acajou arrive maintenant en si grande quantité en Angleterre, qu'on s'en sert pour la marine. On en construit des bâtiments entiers. D'autres présentent une disposition particulière qu'on appelle *bread and butter*, pain et beurre, parce qu'elle se compose de couches superposées de bois différents. L'acajou de Honduras est plus léger que le chêne, bien qu'aussi solide, dit-on.

Devant cette brillante exhibition des nouveaux mondes, il semble que les bois de la vieille Europe dussent perdre beaucoup de leur intérêt. Il n'en est rien. Si magnifiques et si inépuisables qu'ils paraissent, ces dons de la nature primitive sont séparés de nous par l'immensité des mers, et bien qu'ils servent à se transporter eux-mêmes, puisqu'ils forment à la fois la coque et le chargement des navires, le voyage de matières si lourdes et si encombrantes ne peut être que très coûteux. La consommation s'accroît d'ailleurs très vite dans les pays de production et peut amener un jour une disette ou du moins une cherté. Les bois d'Europe ont donc toujours leur prix ; ce n'est même que parce qu'il devient très élevé, que les bois coloniaux peuvent soutenir la concurrence. L'Angleterre est encore la première à nous donner ici le bon exemple. Tout en prenant du bois partout où elle en trouve, même aux antipodes, elle attache à ses propres ressources une attention croissante. Il ne peut être question de rendre à la forêt des terrains plus utilement occupés par des prairies ou des céréales, mais partout où le sol se montre peu propre à la culture, notamment dans les montagnes du pays de Galles et de l'Ecosse, on plante tant qu'on peut. Les grands propriétaires se font tous un devoir d'y contribuer. C'est par milliers d'hectares que se comptent tous les ans les plantations nouvelles, surtout en conifères résineux, et ces forêts artificielles reçoivent les soins les plus assidus. Après avoir longtemps fait la guerre aux bois, l'Angleterre est aujourd'hui la principale patrie de la sylviculture ; les bois y rapportent à surface égale le double de ce qu'ils donnent en France, et ils doivent rapporter un jour bien davantage.

La collection des essences forestières anglaises a fait partie de leur exposition agricole. Elle était rangée dans le même ordre méthodique et témoignait de la même sollicitude. On y trouvait, à côté des espèces indigènes, comme le chêne, le hêtre et le pin d'Ecosse, les espèces étrangères importées, avec la date de leur introduction ; ainsi l'épicéa leur est venu d'Allemagne en 1603, le mélèze des Alpes en 1629, le cèdre d'Orient en 1683, le chêne scarlet de l'Amérique du Nord en 1691, et ainsi de suite. Ces belles espèces sont aujourd'hui répandues à l'égal des indigènes. Le mélèze et l'épicéa couvrent de proche en proche les vallées de la haute Ecosse ; les plus beaux cèdres du monde ne sont plus dans le mont Liban, mais sur les bords de l'Avon, dans les propriétés de lord Warwick. Parmi les acquisitions plus modernes, on doit citer le *deodora* ou cèdre de l'Himalaya et le sapin de Douglas, le premier pour la beauté de son bois et de son port, le second pour la rapidité de sa croissance. Douglas, qui lui a donné son nom, était un de ces explorateurs intrépides que l'Angleterre envoie dans toutes les parties du monde ; il est mort à la peine dans les Montagnes-Rocheuses. Parmi les espérances de l'avenir figure une autre espèce de sapin, récemment découverte en Californie, et qui a reçu le nom de *Wellington gigantea* ; si ce qu'on en raconte est vrai, ce serait bien autre chose que le fameux baobab : ce sapin arrive, dit-on, dans son pays natal, à plus de 100 mètres, c'est-à-dire à la hauteur de la flèche des Invalides.

L'empire d'Autriche a un tiers de son territoire, ou 20 millions d'hectares, en forêts, la plupart sans débouchés. On sait que le gouvernement autrichien en a cédé récemment environ 100,000 hectares à une compagnie. Les envois faits à l'exposition montrent qu'on fait partout des efforts pour ouvrir des voies de transport. La France et l'Angleterre ont acheté, en 1854, pour plusieurs millions de bois aux états autrichiens ; elles en achèteront probablement davantage en 1855. Il faut en outre pourvoir aux besoins d'une population de 36 millions d'âmes, et en particulier d'une navigation qui fait d'assez grands progrès. Parmi les échantillons qui nous ont été envoyés figuraient d'excellents bois de résonnance pour les instruments de musique.

L'habileté des forestiers allemands est depuis longtemps célèbre. Nous n'avions pas besoin de l'exposition pour reconnaître ; dans les forêts allemandes les mieux tenues de l'Europe. Le Rhin et les fleuves qui descendent vers la Baltique portent à la Hollande et aux villes anséatiques de grands approvisionnements de bois de la Forêt-Noire et des autres massifs du Zollverein. Pour notre part, nous en avons acheté, en 1854, pour 10 millions. La Suède et la Norvège nous en ont vendu dans la même année pour 24, la Suisse pour 8. L'Angleterre en achète encore plus que nous, et la consommation locale en emploie des quantités notables : tous les ustensiles de l'Allemagne, de la Suisse et de la Suède sont en bois. Ces divers états producteurs étaient représentés à l'exposition.

Les parties méridionales de l'Europe sont pour la plupart déboisées, et l'expérience leur a appris le danger de se laisser ainsi dépouiller. Ici, ce n'est plus seulement du revenu des bois qu'il s'agit ; une question plus vitale encore est en jeu, la conservation de la terre végétale pour les cultures de première nécessité. On a beaucoup discuté sur la question de savoir si les déboisements étaient funestes aux climats en général. Deux distinctions fort simples suffisent, je crois, pour mettre tout le monde d'accord : l'une entre le Nord et le Midi, l'autre entre les plaines et les montagnes. Dans les plaines du Nord, le déboisement a plus d'avantages que d'inconvénients ; les forêts y entretiennent une humidité excessive et un froid rigoureux, leur disparition amène une élévation de température fort désirable, et elles peuvent être remplacées par des pâturages et des terres arables, parce qu'un degré suffisant d'humidité persiste après elles. Dans le Midi, au contraire, la destruction des bois dessèche la terre qui n'a plus d'abris contre le soleil, et peut finir par la rendre tout à fait impropre a la végétation : c'est ainsi qu'en Asie-Mineure, en Grèce, en Italie, en Afrique, le déboisement a mis d'affreux déserts à la place de nations florissantes. Partout il y a danger à déboiser les montagnes et les pentes escarpées, d'abord parce que les pluies d'orage entraînent la terre, qui n'est plus retenue par les racines, et laissent les rochers à nu ; ensuite parce que les eaux, n'étant pas absorbées par les forêts, tombent en torrents dans les vallées et y portent la dévastation.

Tout annonce que l'Espagne avait autrefois beaucoup de bois. Les ravages des troupeaux, et surtout l'incendie (car les pâtres espagnols avaient, comme les Arabes, l'habitude de mettre le feu aux broussailles pour écarter les loups), ont presque tout détruit. On s'aperçoit aujourd'hui de cette immense faute, et on revient sur ses pas. De tous les points de la Péninsule, on a envoyé des collections de bois. Celle du corps royal des ingénieurs forestiers était complète. On y remarquait de nombreuses variétés de chêne, entre autres le chêne-liège (*quercus suber) et le chêne à glands doux* (quercus ballotta*). L'Espagne produit le meilleur liège de l'Europe ; nous seuls, nous lui en achetons tous les ans pour 3 ou 4 millions. Les glands doux de l'Andalousie sont énormes comme ses olives.

L'inconvénient des défrichements de montagne n'a été nulle part plus sensible qu'en Toscane. Toutes les hauteurs du val de l'Arno n'offrent plus à l'œil que des rocs décharnés. Là aussi, on a reconnu la nécessité de réparer le mal ; une partie du Casentino a été concédée à des moines camaldules qui y font de vastes semis. Les Maremmes se peuplent de pins et de chênes-lièges. Ces louables efforts donnent déjà des résultats, on nous en a montré les preuves. Dans d'autres parties de l'Italie, on possède encore quelques forêts. Ces contrées ont leurs essences spéciales qui valent bien celles du Nord. Les vaisseaux construits avec les bois du Midi sont les meilleurs et les plus durables.

Le gouvernement hellène s'occupe aussi de cette question, puisqu'il avait exposé des échantillons de soixante-dix-sept espèces, appartenant aux forêts de l'état dans l'Achaïe et dans l'Elide. La Grèce a besoin d'un repeuplement général. Si nous en croyons les témoignages des anciens, elle était naturellement boisée. Homère parle à tout moment, soit dans l'Iliade, soit dans l'Odyssée, des ombrages séculaires qui couvraient de son temps les montagnes. Tout un peuple de dieux, faunes aux pieds de chèvre et dryades aux danses lascives, habitaient ces forêts, dont les chênes rendaient des oracles. Bien des siècles après, Virgile vante encore, dans des vers délicieux que nous savons tous par cœur, les fraîches vallées de l'Hémus et l'ombre immense de ses bois. Ailleurs il donne à l'île de Zacynthe l'épithète de *nemorosa*. Toute cette verdure a disparu, une affreuse stérilité la remplace ; c'est à peine si les hardis marins de l'Archipel trouvent encore de quoi construire leurs légers navires.

Ainsi, sur tous les points du monde, le bois excite un intérêt universel. Les uns ne songent qu'à l'exploiter, d'autres travaillent à le reproduire ; tous s'accordent à le considérer comme un des principaux instruments de la civilisation. Il n'y a pas de nation un peu avancée qui n'ait au moins un institut forestier ; la Russie elle-même en possède un, dont M. de Haxthausen nous a donné en détail l'organisation. Qui peut dire à combien s'élève la consommation du bois sur le globe ? En Europe seulement elle dépasse plusieurs milliards, et il n'est pas permis d'en mépriser impunément la production, car, dans les vues de la Providence, la vie des hommes est attachée à celle des arbres.

À la question forestière s'unit partout celle du gibier. Elle fait partie des études des forestiers allemands, qui ont déterminé quelle proportion d'animaux sauvages comestibles les grands bois pouvaient nourrir sans inconvénient. Cette proportion est encore assez considérable. En Angleterre, en Bohême, dans une partie de l'Allemagne, le gibier entre pour une assez grande part dans l'alimentation publique. Des espèces précieuses de gros quadrupèdes, comme le cerf, le daim, le chevreuil, qui se perdent ailleurs, y sont conservées et entretenues avec soin. Leur viande se vend en Bohême de 30 à 40 centimes la livre. En Angleterre, les journaux nous apprennent souvent que des milliers de lièvres, de faisans, de perdrix, ont été tués dans une seule chasse, chez un simple particulier. Le coq de bruyère et la gelinotte ne peuvent vivre que dans les sapinières des hautes montagnes. En Amérique, les marchés sont alimentés d'espèces particulières d'oiseaux excellents, grâce à l'immensité des forêts. Des têtes d'animaux qui n'habitent que les plus profondes solitudes, comme l'orignal et le caribou, avaient été placées à dessein dans le trophée du Canada, pour nous rappeler qu'on ne les trouve plus que là. Trop multiplié, le gibier est un fléau ; dans la juste mesure, c'est un attrait en même temps qu'un produit de plus pour les bois, et qui en recommande puissamment la conservation.

Section II

Hâtons-nous d'arriver à ce qui nous intéresse le plus, les bois français. Hélas ! ce ne sera que pour y trouver une déception. L'administration des forêts, qui possède seule tous les éléments d'une collection complète, n'a rien exposé, lacune irréparable dans l'inventaire de nos richesses nationales. La Corse seule a fait exception ; des échantillons assez complets des bois de cette île, qui possède à cet égard tant de ressources, ont été envoyés par l'administration locale ; mais par suite de la fatalité qui semble avoir poursuivi nos produits forestiers, ils ont été négligemment jetés dans la cour, exposés à toutes les injures de l'air, sans aucun signe extérieur qui attirât sur eux l'attention. Les particuliers ont suivi instinctivement la même pente ; très peu d'exposants se sont présentés dans cette catégorie. On ne saurait trop s'étonner et s'affliger d'une telle indifférence apparente. Essayons de suppléer à ce qui a manqué ; cette étude a d'autant plus d'à-propos que la propriété forestière française traverse depuis quelque temps une crise.

Sous le rapport des essences dont le ciel nous a doués, nous n'avons pas à nous plaindre. Nous trouvons dans notre lot cinq espèces forestières du premier ordre, le chêne, le hêtre, le châtaignier ; le sapin et le pin, sans compter les espèces secondaires qui peuplent nos bois, nos champs, nos jardins les bords de nos rivières.

Le chêne est l'arbre gaulois par excellence et peut-être le plus fort bois du monde. On dit que le cèdre de l'Inde et l'épinette du Canada lui sont supérieurs pour la construction des vaisseaux ; c'est possible, mais ce n'est pas prouvé. Jusqu'ici, les constructeurs maritimes n'ont fait usage d'autres matériaux qu'autant qu'ils n'ont pas pu se procurer du chêne en quantité suffisante. Dans tous les cas, s'il a des rivaux ou des supérieurs, il n'en a guère. Il couvrait autrefois la Gaule tout entière de ses majestueux rameaux, et il forme encore la moitié à peu près de nos bois ; nos ancêtres l'avaient divinisé. Exploité en taillis, il se reproduit perpétuellement sous la hache, et fournit, tous les quinze ou vingt ans, un excellent bois de chauffage et du charbon de première qualité ; en futaie, il rend de plus grands services encore. Son écorce sert pour la tannerie ; son fruit peut nourrir et engraisser des légions de porcs. Nous n'avons malheureusement plus qu'un bien petit nombre de ces arbres séculaires qui montrent quelles proportions peut atteindre ce roi de nos forêts ; mais quand on en rencontre un debout, on ne peut qu'être frappé d'admiration et de respect. Au pied des Vosges, près de Bourbonne, s'élève encore *le chêne des Partisans*, ainsi nommé parce qu'il servait, dit-on, de rendez-vous aux bandes armées du XIVe siècle ; il a 34 mètres d'élévation et 26 d'envergure, et doit avoir, dit-on, huit siècles. Au point de vue de l'utilité, le chêne atteint, vers deux cents ans, son maximum de croissance ; il n'est pas rare d'en trouver qui, à cet âge, valent 500 fr., et on a vu tel hectare d'antique futaie produire une coupe de 30,000 fr. Je ne cite que pour mémoire la variété particulière de chêne qui fournit le liège, parce qu'elle n'appartient pas, à proprement parler, aux essences forestières ; cette variété vient naturellement dans les parties les plus méridionales de la France, et si elle y était plus répandue, elle pourrait donner de grands produits.

Le hêtre n'a pas tout à fait la même valeur que le chêne, mais s'il ne peut servir également pour la marine et pour la charpente, il alimente une foule d'industries ; dans la forêt de Villers-Cotterets, des ateliers nombreux le mettent en œuvre sur place. Il vient dans des régions plus froides et plus humides que le chêne, et s'élève plus haut que lui sur les montagnes. Son charbon est le meilleur de tous, et son chauffage le plus agréable. Son fruit donne une très bonne huile.

Si Le châtaignier n'était pas indigène, il n'y aurait pas assez d'éloges à lui donner pour en conseiller l'importation. Cultivé, il porte des fruits excellents pour l'homme et pour les animaux. La France possède 400,000 hectares de châtaigneraies qui, dans des années comme celle-ci, ajoutent un supplément précieux à l'alimentation des campagnes. À l'état sauvage, il donne un bois abondant par la rapidité extraordinaire de sa croissance. Il y a, dans les environs de Versailles, des taillis de châtaigniers exploités pour cercles, qui portent autant de revenu que les meilleures terres arables.

Les conifères résineux ont, sur les bois feuillus, ces deux avantages, qu'ils utilisent les terres les plus stériles et les cimes les plus élevées, et que, poussant en tiges plus qu'en branches, ils fournissent plus de bois d'œuvre sur la même surface. Le sapin et son frère l'épicéa croissent au milieu des neiges, et créent dans des régions inabordables une richesse énorme. Il y a dans les Vosges et le Jura des hectares de sapins qui valent jusqu'à 50,000 francs. Les deux principales variétés de pins, le sylvestre et le maritime, viennent dans les sables arides ; le premier produit le goudron, et le second la résine. Le pin de Corse, le plus haut de tous, fournit des mâts de 40 mètres.

Le mélèze, l'orme, le charme, le noyer, le merisier, le tilleul, le Irène, l'aulne, le bouleau, le peuplier, le saule, et parmi les arbres d'origine étrangère, l'acacia, ajoutent à la variété comme à la quantité de nos produits ligneux. Il est impossible d'énumérer les profits de tout genre qu'on en retire, indépendamment de leur bois. Ici, les feuilles vertes servent à la nourriture des troupeaux ; là, les feuilles mortes sont recueillies avec soin, comme en Alsace, pour l'amendement des terres ; le fruit du merisier donne le kirsch, la fleur du tilleul est recherchée en médecine. Une foule de végétaux utiles naît sous leur ombrage. Parmi les arbrisseaux, le genévrier produit une liqueur, le fusain sert dans les arts, les plus flexibles sont employés par la vannerie ; le plus humble de tous, qui aime à se cacherait plus obscur des fourrés, la bourdaine, sert à la fabrication d'une matière qui a aujourd'hui beaucoup de débit, la poudre à canon.

Ce n'est pas non plus par l'étendue que pèchent nos bois ; nous en avons plutôt trop, car la statistique officielle en accuse près de 9 millions d'hectares, et avec les bouquets, les arbres isolés, les allées, les bordures, les pépinières, plus de 10, ou le cinquième de la surface totale du sol national. D'où vient, donc que, dans l'état actuel des choses, la France soit obligée de faire venir de l'étranger pour 70 millions de bois ? D'où vient que, sur une production totale de près de 40 millions de stères, la marine militaire ne puisse plus trouver les 40,000 mètres cubes qu'elle emploie tous les ans ? D'où vient enfin que, malgré la somme des besoins, la qualité des essences et la fertilité du sol, la propriété forestière française soit une des moins productives, et que nos bois ne rapportent en moyenne que 30 fr., par hectare, de produit brut, réduit à 20 fr. tout au plus de produit net ? La réponse à cette question se résume en un seul mol, la préférence généralement donnée à l'exploitation en taillis sur l'exploitation en futaie, ou du moins la trop grande brièveté des révolutions et l'absence de réserves suffisantes.

L'exploitation en taillis n'a qu'un but, produire du bois de feu, soit pour les usines, soit pour les ménages. La demande des bois de feu a toujours été croissante en France jusqu'à ces derniers temps, d'abord à cause du progrès de la population, ensuite par la création et le développement successif des industries qui employaient le bois comme combustible. Le maximum de la demande a été atteint vers 1845. Depuis, un mouvement contraire s'est produit, d'abord lent et incertain, puis plus rapide et plus prononcé. Il est dû à l'invasion du combustible minéral, la houille, qui, à mesure que s'étend le réseau des chemins de fer, tend à se répandre partout et à remplacer de plus en plus le bois, soit dans la consommation industrielle, soit dans la consommation domestique. À Paris surtout, la demande du bois de feu a diminué dans des proportions inquiétantes pour les producteurs ; la consommation annuelle de cette capitale, qui avait atteint 1,200,000 stères, est tombée à 800,000. Dans le même temps, la consommation de la houille a quadruplé, elle a passé d'un million d'hectolitres à quatre. Des faits du même genre se sont présentés dans les districts métallurgiques ; un document officiel émané du ministère de l'agriculture et du commerce constate que les forges, qui avaient employé en 1847 près de 7 millions de quintaux métriques de bois, n'en avaient plus consommé, de 1848 à 1852, que 5 millions en moyenne, et que, le prix ayant baissé avec la demande, la perte pour les propriétaires vendeurs avait dépassé 20 millions de francs par an.

Depuis quelque temps, la dépréciation a paru s'arrêter ; je ne crois pas que la houille puisse jamais arriver à se substituer complètement au bois dans la consommation nationale, la hausse actuelle de ce combustible prouve qu'il a ses limites ; mais je ne serais nullement surpris que le prix des bois de feu baissât encore. Cette circonstance fâcheuse en elle-même peut avoir de bons effets, en forçant la propriété forestière à réduire ses coupes et à modifier son mode d'exploitation, de manière à revenir le plus possible vers la futaie. Je sais que cette transformation exige un sacrifice immédiat de revenu, et que par conséquent elle est peu à la portée d'un grand nombre de propriétaires ; mais je crains bien que le sacrifice ne soit forcé dans tous les cas, et qu'il n'y ait pas moyen d'y échapper. J'ajoute que ceux qui prendront ce parti trouveront une compensation dans l'augmentation du capital, et par suite du revenu ultérieur, tandis que ceux qui ne voudront ou ne pourront pas le prendre perdront sur leur revenu présent sans compensation dans l'avenir.

Il y a, il est vrai, un autre remède qui peut aussi être employé dans une certaine mesure, le défrichement ; mais la législation actuelle y met un obstacle au moins apparent, et d'un autre côté, au point où nous en sommes, le défrichement est rarement une opération avantageuse. Partout où il y a profit réel à défricher, c'est évidemment ce qu'il y a de mieux à faire ; le profit est-il réel ? voilà la question. Même en admettant l'avilissement constant du combustible végétal, combien d'hectares de bois peuvent être aujourd'hui défrichés avec profit ? Peut-être un sur cent, presque tous les terrains aujourd'hui en bois étant mauvais en eux-mêmes ou trop éloignés des populations, et cette opération, même quand elle est bonne, exige bien d'autres capitaux et bien d'autres soins qu'une simple prolongation dans l'aménagement.

On croit assez généralement qu'il est toujours plus avantageux à l'intérêt privé d'exploiter les bois en taillis qu'en futaie. Je ne suis pas convaincu que cette opinion soit d'une vérité absolue, surtout quand il arrive, comme aujourd'hui, que le prix des bois de feu baisse et que celui des bois d'œuvre s'élève. Dans les terrains où les arbres arrivés à un certain âge s'arrêtent et dépérissent, il est bien évident qu'on n'a pas le choix. La question des débouchés mérite aussi une grande considération. Si la propriété forestière est placée sur un point où les bois de feu sont recherchés et payés un prix élevé, l'exploitation des taillis l'emporte encore ; mais sur un sol propre à la végétation des grands arbres, dans de bonnes conditions de débouché, et quand on a le moyen d'attendre, la futaie peut être aussi avantageuse à l'intérêt privé qu'à l'intérêt public, fin elle-même, la supériorité de production n'est pas douteuse. Par l'aménagement en taillis, on obtient en moyenne 25 francs de produit brut par hectare ; avec l'aménagement en futaie, on peut arriver et on arrive sur beaucoup de points à 100 francs, c'est-à-dire quatre fois plus. La différence de produit net peut être plus sensible encore, car il faut retrancher un tiers environ sur le produit brut des taillis pour les frais d'impôt, de garde et d'exploitation, tandis qu'il suffit de beaucoup moins pour les futaies. Ceci ne peut être nié par personne ; la contestation n'est possible que sur un autre point de la question, le calcul des intérêts composés.

Ici la futaie succombe évidemment, si l'on compte l'intérêt à 5 pour 100. Quelque puissante que soit la végétation des arbres, elle ne tient tête à l'action des intérêts composés que jusqu'à trente ou quarante ans. À partir de ce moment, l'accumulation devient si forte, que la sève la plus généreuse ne peut plus la suivre. Tout le monde connaît les effets extraordinaires des intérêts composés, il n'est pas mal de les rappeler de temps en temps à ceux qui empruntent : 50 centimes, placés à 5 pour 100, deviennent 99,000 francs au bout de deux cent cinquante ans. Si différente que soit la valeur d'un hectare de futaie relativement à un hectare de taillis, elle ne compense pas un pareil produit ; mais de bonne foi est-ce ainsi qu'il faut compter quand il s'agit d'un placement en immeubles ? Quel est le capital qui a jamais été placé à 5 pour 100 et à intérêt, composé pendant un laps de temps si considérable ? Tous les trésors du monde ne suffiraient pas pour rembourser la moindre somme après cinq ou six siècles. Il en est du capital comme de toute chose, il s'use, il dépérit, quand il n'est pas incessamment renouvelé. Il y a des chances presque certaines pour que le capital réalisé par la coupe d'un taillis soit dissipé en mauvais placements ou en dépenses improductives, au lieu de recevoir la multiplication idéale que donne le calcul, tandis que la forêt garde fidèlement le dépôt qu'on lui confie. Tout change d'ailleurs dès que l'on compte l'intérêt à 3 au lieu de 5, au moins jusqu'à cent ans, et je m'abonnerais bien volontiers à voir beaucoup de bois en France arriver à cet âge.

Supposons un hectare actuellement exploité en taillis, et susceptible, par la nature du sol et des essences, d'être mis en futaie, voici le produit net qu'il est raisonnable d'admettre dans les deux cas, avec les prix actuels : taillis, 4 coupes, dans une période de cent ans, produisant chacune 500 fr.,2,000 fr. ; intérêts composés, à 3 pour 100, de la première coupe pendant soixante-quinze ans, de la seconde pendant cinquante, et de la troisième pendant vingt-cinq, 7,500 fr., total, 9,500 ; futaie, une seule coupe à cent ans, précédée d'éclaircies périodiques, pouvant facilement donner en tout 10,000 fr., sans compter les produits accessoires des bois défendables, comme la chasse, le pâturage ou la glandée, qui ne sont pas tout à l'ait à dédaigner.

Voilà pour les bois feuillus. Quant aux résineux, l'avantage est encore plus marqué. Comme ils ne sont pas susceptibles d'être exploités en taillis, parce qu'ils ne repoussent pas du pied, ils n'ont pas à subir la double concurrence des coupes successives et de l'intérêt composé de l'argent réalisé à chaque coupe. Ils peuvent alors, quand ils sont placés dans des conditions favorables à leur croissance, tenir tête à l'intérêt composé à 4. Supposons, pour prix d'achat d'un hectare inculte, 100 francs, et pour frais d'ensemencement en résineux, 100 francs, en tout 200 ; à cent ans, en comptant l'intérêt composé à 4, ces 200 francs en représenteront 10,000. L'hectare de bois résineux peut très bien valoir autant et même davantage. Les individus isolés de ces puissantes familles peuvent même lutter jusqu'à cet âge contre l'intérêt composé à 5. C'est la plus belle des caisses d'épargne.

Après cent ans, l'intérêt n'est plus que de 1 à 2 pour 100, mais il est rarement à propos de dépasser ce terme ; les plus habiles forestiers fixent entre 100 et 180 ans, suivant la nature du sol, le meilleur point d'exploitation du chêne, de 80 à 100 celui du hêtre, de 90 à 120 celui du châtaignier, de 100 à 140 celui du sapin, de 100 à 120 celui du pin. Les futaies au-delà de cent ans conviennent aux grandes fortunes, elles sont le meilleur accompagnement des châteaux ; elles rapportent plus qu'une collection de tableaux, une belle meute, une écurie de chevaux de prix, et elles donnent autant d'honneur et de plaisir ; c'est le luxe de l'utile. Ainsi du moins pensent les grands propriétaires anglais, qui aiment à s'entourer d'arbres plus que séculaires, et qui croient par là faire un assez bon calcul, tout en ajoutant à la majesté de leur résidence. Le calcul devient tous les jours meilleur. La sylviculture n'a pas dit son dernier mot. Les progrès qu'elle a faits depuis quelque temps en font prévoir d'autres. La méthode dite de réensemencement naturel ou des coupes *sombres* et des coupes *claires* a été un grand perfectionnement. On peut en trouver de nouveaux ; on conçoit, par exemple, qu'en associant dans une juste proportion les essences à croissance rapide, mais courte, avec celles à croissance lente, mais longue, et en exploitant les unes et les autres à leur point, on puisse réunir les produits du taillis à ceux de la futaie.

N'oublions pas d'ailleurs que si la futaie fait passer momentanément une partie des revenus dans le capital, le taillis en revanche, quand il est porté jusqu'à l'excès, fail passer peu à peu le capital dans le revenu. Au bout d'un certain nombre de révolutions, surtout quand elles sont rapprochées, l'ensemencement naturel n'a plus lieu, faute d'un nombre suffisant de sujets assez vieux pour donner des graines ; les souches meurent, l'humidité, nécessaire à la croissance des jeunes arbres s'en va, les bois blancs se multiplient d'abord, puis s'évanouissent, le pacage achève ce que la multiplicité des coupes a commencé, et le taillis n'a plus aucune valeur. C'est l'histoire de beaucoup de bois en France. Bien des propriétaires peuvent dire connue La Fontaine :

Jean s'en alla comme il était venu,

Mangeant le fonds avec le revenu.

Et c'est ainsi que nous sommes arrivés, tout en conservant en apparence une immense étendue de forêts, à ne pas suffire aux besoins de nos industries.

Ce n'est donc pas précisément par calcul que les particuliers ont été généralement entraînés à sacrifier leurs réserves et à compromettre jusqu'à l'avenir de leurs taillis, mais par l'appât de réaliser, même à perte, un capital en argent dont ils avaient besoin. On retrouve toujours, quand on examine une branche quelconque de notre économie rurale, la pauvreté et ses mauvais conseils. Heureusement, pour être générale, cette tendance n'est pas universelle. Il y a encore parmi nous des propriétaires riches et économes qui peuvent s'arrêter. Sans doute on ne doit pas songer à soi, quand on plante ou qu'on aménage ses bois à long terme, mais si l'homme se réglait, toujours sur la brièveté et l'incertitude de la vie, il ne ferait rien. Nous travaillons à tout instant pour les générations futures. Que serions-nous si les générations passées n'avaient pas travaillé pour nous ? En toute chose, la richesse ne peut s'accroître que par la formation de nouveaux capitaux, l'agriculture proprement dite en est là comme la sylviculture. Pour les bois, le capital se présente sous sa forme la plus élémentaire, l'épargne ; il n'est pas nécessaire de dépenser, il suffit de ne pas recueillir trop tôt. Que chacun s'impose seulement une réduction d'un dixième sur ses coupes, ce sera déjà sensible, et le sacrifice ne sera pas grand, car on relèvera sans doute ainsi la valeur des bois de feu, et on regagnera sur le prix ce qu'on perdra sur la quantité.

Dans tous les cas, si la pauvreté ou l'imprévoyance des particuliers ne leur permet pas de sortir de cette situation pénible par un effort prolongé, il y a un très grand propriétaire qui peut et doit donner l'exemple de la bonne exploitation : c'est l'état. L'état administre aujourd'hui 3 millions d'hectares de bois, dont 1,200,000 environ lui appartiennent en propre, et 1,800,000 aux communes et aux établissements publics. Sa gestion est déjà très supérieure à celle des particuliers ; soit en capital, soit en revenu, ses bois l'emportent en moyenne d'un quart au moins sur ceux de la propriété privée. Ce n'est pas encore assez. Lui-même a cédé trop souvent à la tentation d'augmenter son revenu aux dépens de son capital, soit par des aliénations successives qui s'élèvent depuis quarante ans à 300,000 hectares, soit par des coupes trop répétées ; voici le moment de faire un pas de plus, et d'entrer résolument dans la voie féconde des aménagements prolongés. Plusieurs circonstances l'y convient, d'abord l'avilissement des bois de feu, dont il souffre tout le premier comme producteur ; ensuite la hausse des bois de marine et de construction, dont il souffre comme consommateur. Le produit brut des forêts de l'état a atteint 38 millions en 1845, mais il n'a jamais pu remonter à ce chiffre depuis, et il est aujourd'hui tout au plus de 30. Beaucoup de coupes de taillis sont restées invendues dans ces dernières années. En même temps on voit, ce qui n'était jamais arrivé depuis 1815, le prix des forets mises en vente baisser progressivement au lieu de monter. Ce sont là des signes évidents dont il est impossible de méconnaître le sens.

On attribue généralement aux économistes des théories contraires à la propriété des forêts par l'état. Je proteste, pour mon compte personnel, contre cette imputation. Le principe fondamental de la science économique n'est-il pas que toute espèce de propriété revienne à quiconque en tire le meilleur parti ? L'état a ses faiblesses sans aucun doute, surtout dans un pays agité de révolutions perpétuelles, où tout est remis en question de temps en temps ; de plus il se mêle chez nous de beaucoup de choses qui ne le regardent pas, et l'excès de son action fait dans le plus grand nombre des cas beaucoup plus de mal que de bien ; mais comme propriété forestière, c'est encore lui qui représente le plus l'esprit de suite et de durée, et il est à peu près le seul, vu la grandeur de ses possessions, qui puisse employer des agents sachant leur métier. L'administration générale des forêts, avec son annexe indispensable, l'école de Nancy, nous a rendu de très grands services depuis trente ans ; sans elle, la destruction de notre capital forestier aurait marché beaucoup plus vite, et si elle a cédé quelquefois au mouvement, ce n'est pas sa faute ; elle a résisté tant qu'elle a pu. Dans ce moment même, tous ses agents demandent avec instance le retour aussi général que possible vers la futaie. La vente récente des bois de la maison d'Orléans, en livrant à la spéculation de belles réserves qui vont probablement disparaître, est un argument de plus pour faire à l'état un devoir de les remplacer.

Pour l'état comme pour les particuliers, l'unique difficulté est dans la transition. On peut la ménager tant qu'on voudra. Les traités spéciaux sur la culture des bois contiennent une foule de combinaisons pour passer du taillis simple au taillis composé et du taillis composé à la futaie sans diminuer trop sensiblement le revenu actuel. Les agents forestiers connaissent mieux que moi ces combinaisons, et sont parfaitement en mesure de les appliquer. Admettons qu'une réduction d'un cinquième sur les coupes de bois de feu soit suffisante. Ce ne serait en réalité qu'une diminution d'un dixième sur le revenu, ou 3 millions environ, car si les bois de feu entrent pour les quatre cinquièmes dans le produit en matières, ils n'entrent que pour moitié environ dans le produit en argent, et encore plus pour l'état que pour les particuliers, cette réduction elle-même deviendrait probablement nulle, en arrêtant la dépréciation. Qu'est-ce qu'une pareille chance quand il s'agit de doubler, et peut-être de tripler, dans un temps donné, le revenu des forêts nationales ? Nous avons encore des forêts où l'on exploite pour le chauffage des arbres qui pourraient fournir d'excellents bois d'œuvre, d'autres où toute espèce d'exploitation est impossible, faute de moyens de communication et de transport. Dix millions dépensés dans ces forêts pour les mettre en bon état de viabilité auraient pour résultat d'augmenter de 2 millions par an le prix des produits sur place. Voilà le déficit tout à fait comblé.

Il est enfin un dernier service que l'administration des forêts peut rendre au pays, si l'on met quelques fonds de plus à sa disposition : c'est le reboisement des montagnes. L'utilité et la nécessité de cette opération sont depuis longtemps reconnues. Tous les travaux préparatoires ont été faits sous l'ancien gouvernement, les terrains à reboiser reconnus, les frais évalués ; un projet de loi spécial a été préparé par l'administration et accepté avec quelques modifications par le conseil général de l'agriculture ; les chambres même ont été saisies de la question en 1847. Sans la révolution de février, on serait depuis longtemps eu cours d'exécution. Il s'agit de 1,200,000 hectares à reboiser, et, à raison de 80 francs par hectare, d'une dépense de 96 millions, qui, au bout d'un siècle, se transformeraient en plusieurs milliards, en même temps qu'on défendrait les vallées et les plaines contre les inondations. Depuis 1848, cet utile projet est resté dans les cartons ; l'administration n'a pu employer par an qu'une misérable somme de 100,000 francs en reboisements. Cette année seulement, on lui a accordé 500,000 francs de plus ; ce n'est pas assez : il faut au moins 4 ou 5 millions par an pour faire quelque chose de sérieux. Espérons qu'un moment viendra où il sera possible de les consacrer à ce fructueux emploi.

Quelques exemples partiels montrent déjà comment il faudrait s'y prendre et quels résultats on pourrait obtenir. Le plus saillant se passe dans le département du Puy-de-Dôme, où l'on a entrepris depuis dix ans de reboiser les montagnes incultivables du canton de Clermont. On en plante environ 60 hectares par an, au coût moyen de 70 francs, en pins, épicéas et mélèzes, avec un succès complet. Une belle forêt de 600 hectares commence à s'élever sur des terrains tout à fait improductifs auparavant, et à donner quelques revenus qui iront en s'accroissant au grand profit des intérêts locaux comme de l'intérêt public. Cet exemple peut servir à vaincre sur d'autres points la résistance des communes, propriétaires de la plupart des terrains à reboiser, et pour le cas extrême où elles refuseraient absolument de s'y prêter, l'administration était armée, dans le projet de loi, du droit d'expropriation pour cause d'utilité publique, qui ne peut trouver nulle part une plus juste application.

Voilà, je crois, la marche à suivre pour rétablir et accroître notre capital forestier. Quant à l'interdiction de défrichement sans autorisation imposée aux particuliers, qui a encore quelques partisans, c'est un de ces remèdes mal conçus qui n'ont aucune efficacité, qui contribuent même à aggraver le mal qu'ils prétendent guérir. Si cette mesure avait quelque valeur, elle tendrait à multiplier les taillis, dont nous avons trop, et, par la dépréciation générale de la propriété forestière, à diminuer les futaies, dont nous n'avons pas assez, elle maintiendrait des forêts en plaine, qui pourraient être avantageusement transformées en prairies ou en terres arables, et empêcherait ainsi, par la concurrence des bois mieux situés, le boisement des montagnes et des terres stériles en général. Heureusement elle est à peu près sans effet, et le mal réel qu'elle produit se renferme dans des limites assez étroites.

Il est assez naturel de confondre l'étendue, d'une culture avec son produit ; rien n'est pourtant plus différent. Il peut très bien arriver que plus on cultive de blé, moins on en récolte ; un hectare bien fumé et bien travaillé en vaut dix négligés. Un hectare de beaux et bons bois peut à son tour rapporter plus que cent hectares de mauvaises broussailles. On tombe, à propos des bois, dans la même erreur qu'on commettait autrefois pour d'autres cultures. Il n'y a pas beaucoup plus de cent ans qu'il était interdit de planter des vignes sans autorisation. On voulait par là maintenir une plus grande surface en céréales. Qu'arrivait-il de cette règle et de beaucoup d'autres imaginées dans la même intention ? Depuis qu'on a la liberté de faire de son champ ce qu'on veut, on produit un peu plus de vin, mais on produit en même temps quatre fois plus de blé, et on en récolterait encore davantage, si l'on en cultivait moins. Il se peut que l'étendue des forêts soit un jour réduite sensiblement, la production du bois n'en souffrira pas, au contraire ; la transformation ne se fera d'ailleurs que peu à peu, en proportion des besoins et des ressources.

On cite toujours ce qui s'est passé de 1791 à 1801 : de 4 à 500,000 hectares de bois ont disparu dans ces dix années, et on attribue cette destruction à la liberté de défrichement décrétée par l'assemblée constituante ; mais il est à peine nécessaire de remarquer qu'il est question ici de la période révolutionnaire ; ce n'était pas du défrichement, mais de la dévastation pure et simple. Bien d'autres pertes plus graves ont affligé notre pays dans ces temps néfastes. Les forêts passaient pour un reste du régime féodal ; on les détruisait, non par calcul, mais par fureur.

Dès que la nation a recouvré son bon sens, tout a changé. Depuis cinquante ans, on a défriché en moyenne de 10 à 12,000 hectares par an, mais on a planté en même temps une étendue équivalente, soit en nouveaux bois, soit dans les clairières des forêts existantes, de sorte que l'étendue boisée n'a pas changé. M. le comte Beugnot, dans son excellent rapport à l'assemblée nationale, a mis ces faits hors de doute. On les attribue à l'interdiction de défrichement sans autorisation ; c'est lui faire trop d'honneur. En fait, on n'a pas défriché davantage, parce qu'on n'a pas eu beaucoup plus d'intérêt à défricher ; la formalité d'autorisation n'arrête que très peu d'intéressés, il arrive même assez souvent qu'on l'obtienne sans en faire usage. Ce n'est pas par là que notre capital forestier a dépéri, mais par les coupes multipliées et par les ravages de la dépaissance que l'interdiction de défrichement n'empêche pas, qu'elle aurait plutôt pour effet d'accroître. Nous avons à nos portes la preuve la plus évidente de l'inutilité absolue de cette restriction. La liberté de défrichement existe en Belgique depuis quarante ans, et bien que ce pays ait beaucoup plus de houille que nous, bien que la population y soit deux fois et demie plus pressée, bien que les terres arables y manquent et se louent trois fois plus cher, on n'a pas beaucoup plus défriché et on a planté encore davantage ; la Belgique a proportionnellement au moins autant de bois que la France. La plupart des propriétaires ont gardé et accru leurs bois, parce qu'ils y ont eu intérêt. Je vais plus loin, et je dis que si par des circonstances qui après tout sont possibles, les besoins de défrichement devenaient plus pressants, je ne sais pas comment on pourrait s'y opposer. L'utilité du défrichement suppose que, sur un point donné, il y a trop de bois et pas assez de terres arables ou de prairies, et qu'il est possible de mettre ce qui manque à la place de ce qu'on a de trop. Si par exemple un large défrichement était nécessaire pour faire cesser la disette actuelle de viande et de blé, et que tout fût prêt, capitaux et bras, pour l'exécuter, il y aurait folie à y mettre obstacle. Ce n'est là, pour le moment du moins, qu'une hypothèse sans réalité, mais qui montre que, dans aucun cas, le régime de l'interdiction ne peut se justifier. Rentrons dans le vrai. L'opération du défrichement et celle du reboisement sont sœurs ; elles se supposent l'une l'autre ; toutes deux ne peuvent s'accomplir que lentement. À mesure qu'une partie des taillis existants se transformera en futaie, une autre se défrichera ; à mesure que les bois s'étendront sur les montagnes et les mauvais sols, ils se retireront des terres fertiles et arrosables, qui peuvent produire de la viande et du grain, de manière à porter chaque lot de terre au plus haut point possible de production. La proportion s'établira d'elle-même, à l'aide du grand régulateur, le prix des différentes denrées, qui donne la mesure la plus exacte des besoins ; l'état y concourra pour sa part et l'intérêt privé pour la sienne, sans qu'il soit nécessaire de porter atteinte à la liberté de la propriété.

Parmi les applications de cette liberté, il en est une qui commence à prendre assez d'extension en Belgique et même en France, c'est le système des forêts temporaires. Quand un sol est stérile par lui- même ou épuisé par une longue production, il y a profit a le semer en bois, notamment en pins sylvestres, pour le laisser ainsi pendant vingt ou trente ans. Outre les produits que donnent ces bois par eux-mêmes, ils améliorent le sol, qui peut être ensuite livré à la culture avec avantage. Ainsi se transforme sous nos yeux une partie de la Champagne et de la Sologne ; la même méthode se pratique en grand dans la Campine et le Luxembourg. Je pourrais citer bien d'autres exemples de l'harmonie essentielle entre la culture des bois et toutes les autres.

Nous voici bien loin de l'exposition. J'y reviens pour dire que la production forestière française n'a pas été tout à fait absente. Un ingénieur, M. Chambrelent, a exposé des chênes et des pins maritimes d'une venue magnifique, semés par lui dans les landes de Bordeaux. Ces arbres donnent dans les landes de tels produits qu'on s'étonne de n'en pas voir tout le pays couvert ; il est superflu de chercher péniblement d'autres moyens de production quand on en a de cette puissance. L'exposition de la Corse n'a pas eu moins d'intérêt ; de bonnes routes pénètrent enfin dans ses forêts et permettront bientôt de les exploiter sérieusement. Ce que nous avons vu de plus important, c'est la confirmation définitive de l'admirable découverte du docteur Boucherie pour la conservation des bois. Il y a là toute une l'évolution. Par ce procédé, les bois les plus tendres, comme le bouleau, deviennent aussi durs, aussi incorruptibles que le meilleur chêne. Signalons enfin une machine à faire des courbes pour les navires, qui peut être d'une grande utilité pour l'approvisionnement naval.

J'ai déjà dit un mot de l'Algérie ; c'est là surtout que l'état, en semant des millions d'hectares, peut créer pour l'avenir une richesse incalculable. Des bois et des pâturages, tels sont les plus sûrs moyens de tirer parti des solitudes de l'intérieur, ce qui n'empêche pas de travailler à y attirer par d'autres voies l'émigration européenne, et peut au contraire y contribuer puissamment. L'Algérie possède, nous l'avons vu par l'exposition, des essences précieuses. Rien que sur son propre sol, on peut trouver d'excellentes semences : le chêne-liège, qui y vient partout et qu'il est très facile de multiplier ; le chêne-zân, propre aux constructions maritimes ; l'yeuse ou chêne vert ; une autre espèce de chêne qui nourrit le kermès, cet insecte rival de la cochenille, et qui en produit déjà pour 40 ou 50,000 fr. par an ; le chêne à glands doux, dont le fruit sert à la nourriture de l'homme ; le *vélani* des îles de l'Archipel, qui fournit une matière propre à la teinture ; le châtaignier, si commun en Corse et en Sicile ; le caroubier, dont la gousse est avidement recherchée par les chevaux ; le thuya, qui rivalise avec l'acajou ; le pin maritime, le pin de Corse, l'élégant pin d'Alep, le pin à parasol, d'un si grand effet dans le paysage ; le cèdre, qui forme à Teniet-el-Had une véritable forêt, pleine d'arbres gigantesques ; l'orme, le frêne, le platane d'Orient, le *saf-saf* ou peuplier blanc ; l'olivier lui-même, qui peut être utilisé pour son bois comme pour son fruit, et dont on nous a montré un tronc énorme qui doit être contemporain de Jugurtha, et une foule d'autres. On peut en outre y naturaliser les meilleures variétés du climat méditerranéen, comme le chêne à la noix de galle ; je ne parle pas des espèces empruntées aux climats tropicaux, parce que leur acclimatation est plus douteuse.

On s'est d'abord occupé, et avec raison, de l'exploitation des bois existants. Un ingénieur de la marine, qui a été envoyé exprès sur les lieux, a reconnu l'existence de 30,000 hectares de futaies de chêne-zân, pouvant fournir par an 6,000 mètres cubes de bois de marine, 60,000 de bois d'industrie, et 200,000 stères de bois de feu, c'est-à-dire une valeur annuelle de plusieurs millions. Déjà deux bâtiments de commerce ont été construits dans les ports de l'Algérie avec des bois du pays, l'un lancé en 1854 à Alger, l'autre à Philippeville en 1855. Voilà certes un des plus grands pas qu'ait faits le futur empire africain depuis sa fondation. Du temps des deys, on construisait des vaisseaux à Alger, et tout un système avait été organisé pour communiquer avec les chefs des montagnes forestières par un entrepreneur spécial, nommé *caïd des bois*. Cette tradition avait été interrompue, comme beaucoup d'autres, par la guerre ; elle se rétablit maintenant avec la paix. En même temps on a concédé à plusieurs entrepreneurs l'exploitation d'environ 16,000 hectares de chênes-lièges pendant quarante ans, et on cherche, autant que possible, à faciliter par des routes l'accès des autres massifs forestiers. Le présent y trouvera une ressource précieuse, mais c'est l'avenir surtout qui importe.

On y songe, je le sais ; ce n'est ni la bonne volonté ni le savoir qui manque, c'est l'argent. Avec un seul million de plus par an, on ferait des merveilles. À 50 francs par hectare, on pourrait avec ce million en semer tous les ans vingt mille. Plus de la moitié du sol forestier actuel ne porte que des broussailles qui ne produisent rien, et qui ont toute sorte d'inconvénients ; repaire des bêtes féroces, elles offrent en même temps une proie facile à l'incendie, une des habitudes les plus invétérées des Arabes. Avec des recépages, des élagages, des nettoiements, des éclaircies, on arriverait à transformer avec le temps la plus grande partie en futaies qui n'auraient plus les mêmes dangers et qui vaudraient mille fois davantage. L'état seul peut se charger de ce soin. Si même il était nécessaire d'établir en Afrique une école forestière spéciale, le but en vaudrait la peine. L'état peut compter un jour par centaines de millions le revenu de ses bois en ajoutant à ceux de France ceux d'Algérie, et il ne faut pas se lasser de le redire, ce n'est pas seulement pour le revenu que la culture forestière est nécessaire en Afrique, mais pour transformer le climat en défendant le sol contre les vents desséchants et les ardeurs dévorantes du soleil, pour fournir des sources à l'irrigation et des abris aux céréales, pour purifier l'air que respirent les animaux et les hommes, en un mot pour rendre accessibles à la culture et à la population d'immenses espaces.

Les autres colonies françaises ont envoyé quelques échantillons de leurs forêts. L'île Bourbon se distingue par un très beau bois d'ébénisterie nommé *bois de natte* ; la Martinique, la Guadeloupe, l'Inde française, le Sénégal, possèdent aussi de riches essences. Des résines, des gommes, des fibres textiles, des substances médicinales, des huiles de palme, des cocons de vers à soie sauvages, montrent qu'une active industrie y trouverait matière à se développer. Malheureusement il ne parait pas que l'attention de nos colons se porte beaucoup de ce côté. Nos nouveaux établissements sur la côte occidentale d'Afrique, notre belle possession de Taïti, commencent à donner signe de vie. Là aussi se présentent des produits neufs et curieux, qui ne demandent qu'à s'étendre. L'exemple des colonies anglaises ne peut qu'exciter l'émulation des nôtres. On dit qu'une exposition permanente de leurs produits va être organisée par le ministère de la marine. Il faut espérer que nous y trouverons des preuves plus marquées d'une agitation féconde, et que la Guyane en particulier voudra se montrer à la hauteur de sa sœur anglaise pour la mise en valeur de ses richesses forestières.

M. Millet, qui s'occupe avec succès de pisciculture, avait exposé quelques-uns de ses appareils. Voilà encore une grande tâche qui revient de droit à l'administration des forêts, dont M. Miller fait partie, le repeuplement de nos cours d'eau ; elle en possède presque toujours les sources et peut aisément verser dans les eaux naissantes la semence animée qui doit descendre et grandir avec elles. J'aurais voulu voir en même temps la trace de quelques soins donnés, comme en Angleterre et en Allemagne, à la reproduction des meilleures espèces de gibier. Les forestiers français n'aiment pas beaucoup à s'occuper de ce sujet ; ils ont tort. De ce qu'on a quelquefois abusé du gibier, il ne s'ensuit pas qu'il soit à proscrire ; ce n'est pas sans raison que le programme de l'exposition avait réuni la chasse et la pêche à l'art forestier proprement dit. Virgile a depuis longtemps qualifié les forêts d'étables naturelles du bétail sauvage : *stabula alta ferarum*.

ISBN : 978-1726430388

www.ingramcontent.com/pod-product-compliance
Lightning Source LLC
Chambersburg PA
CBHW061545250726
48657CB00006B/2302